पत्नी-पीड़ित

लेखक- रितेश गोयल 'बेसुध'

क्रम-सूची

अध्याय 1

वीर रस-VEER RAS
वीर रस में लिखना देखो मैं भी दिल से चाहता हूँ,
कलम से निकले शब्दों को शोलों सा दहकाता हूँ,
मंच पर चढ़ कर जोर-जोर से देखो मैं चिल्लाता हूँ,
वीर रस के कवियों की भाँति मुद्राएँ बनाता हूँ,
पर तभी मुझे याद आ जाती हैं मेरी शादी की वो रात,
जल्द ही पता लग गई मुझे सब पतियों की औकात,
किस तरह मेरे अंदर का शेर चूहा बनकर भागा था,
हमने पत्नी के सामने अपना वर्चस्व त्यागा था,
चाहे आप हो कोई नेता या ग्राम विकास अधिकारी,
घरवाली की नज़रों में रहोंगे एक मामूली कर्मचारी,
आप का रोब सिर्फ आप के दफ़्तर में चल पाएगा,
घर पर तो वो तानाशाह ही आप की बैंड बजाएगा,
खैर यह तो होना ही था, शादी के बाद तो रोना ही था,
इस तरह से वीर रस मेरी रचनाओं से धूमिल हो जाता हैं,
फ़िर हास्य का काला बादल उन पर जोरों से कड़कड़ाता हैं,
दर्शकों से ठहाकों की बारिश करवाता हैं,
हास्य का कवि वीर रस में भी हँसाता हैं।
लेखक- रितेश गोयल 'बेसुध'

अध्याय2

पत्नी पीड़ित
प्रलय की आंधी बनकर ,
एकदम सुनामी बनकर ,
मेरे जीवन में तुम आई हो ,
बिल्कुल तूफानी बनकर ,
रूह कोई शैतानी बनकर ,
मेरे जीवन पर हो छाई हो ,
अब तो मेरे सपनो में भी आकर ,
अकसर तुम मुझे डराती हो ,
ये क्या किया , ये क्या किया ,
कहकर चिल्लाती हो ,
तुम्हारा कहा सब कुछ किया ,
फिर भी तुम चिल्लाती हो ,
कई बार कुक्कर में मुझसे,
सिटी चार लगवाती हो ,
दो रोटी खिलाकर मुझको,
दो सौ बात सुनाती हो ,
सास -बहु के किस्सों से तुम ,
डेली मुझे पकाती हो ,
चिराग़ में बंद जिन्न के जैसे ,
तुम हमको गिस्से जाती हो ,
क्या हुक्म है मेरे आक्का ,
हम यही कहकर रह जाते है ,

तुम्हारे हर आर्डर पर हम ,
अपना शीश झुकाते है ,
फिर भी अब तो हमको ,
आदत सी हो गई तुम्हारी ,
चार बातें सुने बिना तुमसे,
रोटी नहीं पचती हमारी ,
हे ! यम की बेटी ,
हुंकार भरो ना तुम ,
हम बलि के बकरे है,
स्वीकार करो तुम।
लेखक- रितेश गोयल 'बेसुध'

अध्याय 3

करवाचौथ - एक हास्य हिंदी कविता
शादी कर कर हमने अपने पाँव पर कुल्हाड़ी मारी ,
हम पर भारी पड़ गई देखो हमारी नारी ,
मैडम कर रही है फिर से करवाचौथ की तैयारी ,
फरमाइशों की लिस्ट तैयार है सारी ,
एक बार फिर से हमको मस्का लगाया जायेगा ,
जानू - जानू कहकर फिर से बुलाया जायेगा ,
पुरे साल हमको उल्लू बनाया जाता है,
एक दिन हमको पतिदेव बुलाया जाता है ,
चार बजे सुबह उठकर पुरे दिन का ठूस लेती है ,
इस तरह वो देवियाँ उपवास कर लेती है ,
हमसे ज्यादा उस दिन चाँद की तलाश रहती है ,
भोजन ठूस लेने की हर पल आस रहती है ,
शायद किसी नारी ने ही ये करवाचौथ बनाया था ,
अपने पति के प्राणों को वश में करके दिखाया था ,
364 दिन वो अपने पति को जीने ना देती थी ,
एक दिन के इस व्रत से उसे मरने भी न देती थी ,
सदियों से यहीं परम्परा चली आ रही है भाई ,
करवाचौथ का व्रत करके मरने भी नहीं देती लुगाई ,
खैर यह सब तो एक हंसी ठिठौला है ,
पति -पत्नी का रिश्ता एकदम मस्त -मौला है,
करवाचौथ का यह त्यौहार उनके रिश्ते मजबूत बनाता है ,
एक -दूजे की अहमियत एक -दूजे को बताता है.

अब आप कहेंगे हास्य में ये गम्भीरता जरुरी नहीं थी यार ,
पर क्या करे करना पड़ता है क्योकि हम भी शादीशुदा है
यार।
लेखक- रितेश गोयल 'बेसुध'

अध्याय4

शहादत

हर तरफ सुनाई देंगे,उनकी शहादत के किस्से,
रूह में शामिल कर लो जो,उस इंकलाब के हिस्से।
धरती का सीना चीर कर वो हमारे लिए आए थे,
वतन की आजादी की खातिर उन्होंने प्राण गवाएं थे,
घर पर उनकी भी राह देखता भरा-पूरा परिवार था,
पर उनके सिर पर तो इंकलाब का जुनून सवार था,
चाहते तो वो भी घर पर ही रह जाते,
चादर तान कर हम लोगों की तरह ही वो सो जाते,
मगर वो सच्चे इंसान थे,भारत मां की शान थे,
आजादी की खातिर उन्होंने क्या-क्या तकलीफें उठाई,
उनकी इस कुर्बानी से ही यह आजादी आई,
आज की युवा पीढ़ी को उनके बारे में बतलाएं,
उनकी शहादत के किस्से इन्हें सुनाएं,
युवा जागृति मन ही उज्जवल भविष्य का आधार है,
उसी से हम आज और कल भी रहने वाले आजाद हैं,
रहने वाले आजाद हैं।
जय हिंद।
जय भारत।
लेखक -रितेश गोयल 'बेसुध'

अध्याय5

मोदी सरकार

उम्मीदों का जलता दिया थामे खड़ा है राहों में ,
लौ को ना भुजने देगा चाहे घिरा हो वो तूफानों में ,
ख़ास नहीं है आम मात्र है गाँधी से उच्च विचारों का ,
आगे ही बस बढ़ा है वो लेकर नारा सिर्फ जनता के अधिकारों का ,
माना के राह सरल नहीं है मुश्किलों से घिरी है सारी ,
पानी ,बिजली और ना जाने देखो कैसी-कैसी महामारी ,
वक़्त आ चुका है अब कही को कर दिखाने का ,
जनता की सारी आशाएं पूरी कर दिखलाने का ,
शुभ कार्य में अक्सर अढ़चन कोई आ जाती है ,
पर ये भी तो सच है खिस्यानी बिल्ली तो बस खम्बा ही नोचे जाती है ,
चाहे कोई कर ले कितनी भी कोशिश अपनी टाँग अड़ाने की ,
होंसला नहीं गिरता फौलादी का ऐसी बचकानी तरकीबों से ,
क्या सच में अब ऐसा होगा जनता सरकार चलाएगी ,
मुजरिमों को सजा मिलेगी रिशवत ना ली जाएगी ,
क्या सच में अब ऐसा होगा जनता का पैसा जनता तक वापस आएगा ,
ना कोई घोटाला होगा ना कोई गुनाहगार ही,
आओ मिलकर करें प्रार्थना उन्नति और विकास की ,
सोने की चिड़िया कहलाए भारत एक बार फिर।

लेखक- रितेश गोयल 'बेसुध'

अध्याय6

तेजाबी इश्क

इश्क यह तेजाबी सा लगने लगा है,ना कहने में लड़की को डर लगने लगा है।

एक लड़का एक लड़की को चाहने लगा,

अपने अरमानों को उस पर जताने लगा,

एक दिन कर दिया उसने अपनी मोहब्बत का इजहार, मगर उस लड़की ने कर दिया इनकार,

वह ना उस लड़के को बर्दाश्त नहीं हो पाई,

अजी किसी के ना कहने से उसकी मर्दानगी की हार नहीं हुई,

मगर यह बात उस लड़के को समझ नहीं आई,

उसने तेजाब की बोतल उठाई और उस लड़की पर पलटाई,

उसकी खूबसूरती पल में झुलस गई,

एक और लड़की इस तेजाबी इश्क की बलि चढ़ गई,

क्या आजकल मोहब्बत इतनी ही रह गई है,

लड़की के ना कहते ही तेजाब डालने में मर्दानगी रह गई है,

उसकी मोहब्बत इतनी ही सच्ची है तो क्या वह अब उस लड़की को अपनाएगा,

क्या उसके झुलसे हुए चेहरे से प्यार कर पाएगा,

जो मर्दानगी उसने उस पर तेजाब फेंकने में दिखाई थी,

क्या उसी के साथ वह उसका जीवन भर साथ निभाएगा,

उससे शादी कर पाएगा,

अजी रहने दो आज के युवाओं के लिए प्यार सिर्फ एक खेला है,

ऐसे झूलसे हुए केसों से भरा हुआ अदालत का थैला है,

अंत में इतना ही कहना चाहूँगा,अगर किसी को चाहते हो तो इजहार करो,

और अगर वह ना करें तो उस ना का सम्मान करो।

काश तू एक लड़की का बाप हो जाए,

फिर तेरे जैसे एक आशिक को उससे प्यार हो जाए,

जब वह उसकी खूबसूरती को झुलसाएगा,

तब तुझे उस पीड़ित परिवार का दर्द समझ आएगा।

जय हिंद।

जय भारत।

लेखक-रितेश गोयल 'बेसुध'

अध्याय7

दहेज प्रथा

शर्मा जी की लड़की के लिए एक सरकारी रिश्ता आया,

लड़के के पिता ने शर्मा जी को बताया,

लड़के को पढ़ाने में हुआ 50 लाख का खर्चा है,

इसलिए यह एक करोड़ के दहेज का पर्चा है,

ऐसा मौका आपको फिर नहीं मिल पाएगा,

एक करोड़ में मेरा अफसर लड़का आपका दामाद बन जाएगा,

आपकी लड़की की तो लॉटरी लग जाएगी,

सरकारी अफसर की वो पत्नी कह लाएगी,

सोच समझकर शर्मा जी ने ले लिया कर्ज,

घर के कागज गिरवी रखकर,निभाया अपना फर्ज,

बेटी खुश रहेगी अपनी,यही सपना आँख मे पाला था,

खुद को कर्ज में डूबा कर,उसका भविष्य संभाला था,

मगर दहेज के लोभी कहां इतने में रुक जाते हैं,

एक मांग पूरी होते ही,दूजी मांग बताते हैं,

कुछ महीने बाद ही बेटी,फिर से घर पर आती है,

ससुराल की मांग का पर्चा पिताजी को दिखाती है,

बेचारे शर्मा जी की दिल की धड़कन बढ़ जाती है,

2 दिन बाद अस्पताल में उनकी मृत्यु हो जाती है,

शर्मा जी की मौत का कौन उत्तरदाई है,

किसके कारण उनकी अकाल मृत्यु आई है,

ना जाने कितने शर्मा जी रोज बलि चढ़ जाते हैं,

इस दहेज प्रथा के चक्कर में कितने मायके बिक जाते हैं,
दहेज के इन लोभियों को सबक सिखाया जाए,
दहेज देना ही ना पड़े,बेटियों को इतना पढ़ाया जाए।
जय हिंद।
दहेज की मांग बढ़ाकर यदि,समाज में बेटियां कम करवाओगे,
तो वंशबेल बढ़ाने वाली,फिर बहू कहां से लाओगे।
जय भारत।
लेखक-रितेश गोयल 'बेसुध'

अध्याय8

पैंतालीस का इश्क़

बेरंग मेरी जिंदगी में तुने रंग भर दिया,

जो बाल मेरे सफेद थे उनको मैंने रंग दिया,

दिल मेरा फ़िर से सपने सजाने लगा है,

एक हसीना के साथ घूमने जाने लगा है,

आज फ़िर से मैंने सफेद कुर्ता उतारकर रंगीन कमीज़ पहनी हैं,

शीशे में देख कर खुद की सुरत निखारी हैं,

सौंदर्य प्रसाधन जो मेरी अलमारी में दम तोड़ रहे थे,

उन्होंने फिर से अंगड़ाई ली है,

मेरी जवानी को सँवारने में अपनी क़ुर्बानी दी है,

एक उम्मीद सी फ़िर तूने दिल में जगा दी है,

मुझे अपनी आदत सी लगा दी है,

उमर मेरी पैंतालीस और तेरी चालीस के पार हो गयी है,

फ़िर भी तु मेरी जिंदगी में शुमार हो गयी है,

बस अब तो तु मुझे आकर संभाल ले,

मुझको तु अपनी हँसी से बांध ले,

हम दोनों मिलकर अपनी एक दुनिया बनाएंगे,

एक दूजे से किये हुए वादे निभाएंगे ,

हम दोनों एक दूसरे की दुनिया बन जाएंगे ,

फ़िर बच्चों को अपने किस्से सुनाएंगे।

लेखक- रितेश गोयल 'बेसुध'

अध्याय9

कृष्ण महिमा

आसमान से गूँज उठी देखो धरती की ओर,

देवकी की आठवीं संतान,कँस तुझे ले जाएगी तेरी मृत्यु की ओर,

डरे-सहमे उस कँस ने छ: शिशुओं को पैदा होते ही मरवाया,

सातवें शिशु को योग माया ने अपनी माया से दूजे गर्भ में धारण करवाया,

देखो आ गया वो दिन कारावास जगमगा उठा उस दिव्य प्रकाश से,

जगत के पालक आए धरती पर लेकर के अवतार,

देवों ने आसमान से उन पर पुष्प बरसाए,

वासुदेवकी पुत्र वो यशोदा नंदन कहलाए,

देखकर उनकी बाँकि छवि सब खुशी से हर्षाए,

अपने काल को मरवाने का कँस ने हर भरसक प्रयास करवाया,

मगर उसका एक भी प्रयास कान्हा के आगे ना टिक पाया,

कँस का भेजा हर राक्षस मिट्टी हो करके आया,

अब समय आ गया है कृष्ण की लीलाओं के बारे में बताने का,

उस मनोहारी छवि से सबको रूबरू करवाने का,

सब गोपियों में होड़ लगी है आज,कृष्ण किसकी मटकी से माखन खाएगा,

फिर कौन उसको चोर बनाकर यशोदा के पास ले जाएगा,

चेहरे पर मक्खन लगा हुआ है,वो मंद मंद मुस्काए, अपने छोटे पैरों से वह मेरी ओर आए,

यशोदा का नंदलाला सबके दिल का ताज है,

जिस धरा पर पैदा हुआ वो हमें उस पर नाज है,

धीरे-धीरे बड़े हुए वो सुंदरता में कोई भी टिके ना उनके आगे,

आते-जाते उन्हें सारी गोपियाँ खिड़कियों से झाँके, यमुना के तट पर कान्हा ऐसा रास रचाए,

अपनी बंसी की धुन पर सभी को नचाए,

मन करता मेरा भी के मैं गोपी बन जाऊं,

कान्हा जी के साथ में मैं भी रास रचाऊँ,

भक्ति के सागर में मैं भी गोते लगाऊँ,

इस भवसागर से उनके साथ ही तर जाऊं,

गोकुल की गलियों में कृष्णा नाम का शोर है,

ब्रज में भी प्रचलित यही कृष्ण माखन चोर हैं,

कृष्णा अपनी लीलाओं से यूं ही सब को लुभाता रहा, कँस उनकी ख्याति सुन अपना दिल जलाता रहा,

एक दिन अक्रूर को कंस ने भेज दिया गोकुल,

बुला लिया श्री कृष्ण को मथुरा होकर के व्याकुल,

यही उसके जीवन की सबसे बड़ी भूल थी,

उसकी जिंदगी होने वाली धूल थी,

उसके पापों का घड़ा भर चुका था,

वो श्री कृष्ण के हत्थे चढ़ चुका था,

स्वयं भगवान ने उसे यमलोक पहुंचाया,

जगत को फिर से पाप मुक्त करवाया,

आखिर में श्रीकृष्ण ने अर्जुन को गीता का सार सुनाया,

कर्म का महत्व पूरी दुनिया को सिखलाया।

जय श्री कृष्णा।
लेखक-रितेश गोयल 'बेसुध'

अध्याय 10

हिंदी दिवस

जब भी हमने हिंदी के विकास का उत्साह खुद में जगाया,

हमारा दोस्त अंग्रेजी के साथ चखना ले आया,

जो उत्साह हममें जागा था वो कहीं खो गया,

मैं अंग्रेजी लगाकर वही सो गया,

हिंदी के विकास को कभी और आगे बढ़ाएंगे,

अभी मदहोश है कल तक होश में आएंगे,

ओके,डार्लिंग,स्वीटी,जानू बस यही रह गया,

आज की प्रेमिकाओं के लिए प्रेमी सिर्फ क्यूट बेबी बनकर रह गया,

पहले के आशिक इजहार में लम्बी-लम्बी कविताएं सुनाते थे,

बड़े-बड़े शायरों की शायरी से लुभाते थे,

आजकल के आशिकों को तो अंग्रेजी बुखार है,

सिर्फ आई लव यू कहते ही हो गया प्यार है,

खैर हमें क्या लेना-देना हम तो अपनी हिंदी वाली रीत निभाएंगे,

जिस से प्यार होगा उसे कविताएं सुनाएंगे,

क्योंकि बात ऐसी है हमने अंग्रेजी को पढ़ा नहीं देखा है,

कहीं से सुना था हिंदी मजबूत और अंग्रेजी खूबसूरत होती है,

इसीलिए तो सब हिंदी को सीडी बनाकर अंग्रेजी तक पहुंचना चाहते हैं,

हिंदी की आंच पर अपनी अंग्रेजी रोटी सेंकना चाहते हैं,

क्योंकि अपने इस हिंद देश की आर्थिक भाषा अंग्रेजी हैं,
और हिंदी में काम करने वाला अंग्रेजी में लेजी है,
हर कोई आज अंग्रेजी के पीछे क्रेजी है,
अंग्रेजी में लिखने और बोलने वाले मे मे लगती तेजी है,
आखिर में चलते-चलते सभी को हिंदी दिवस की बधाई,
चाहे कुछ भी हो हमें अपनी मातृभाषा पर दिल से र्गव है भाई।
लेखक-रितेश गोयल 'बेसुध'